VIVIENDO EL AMOR

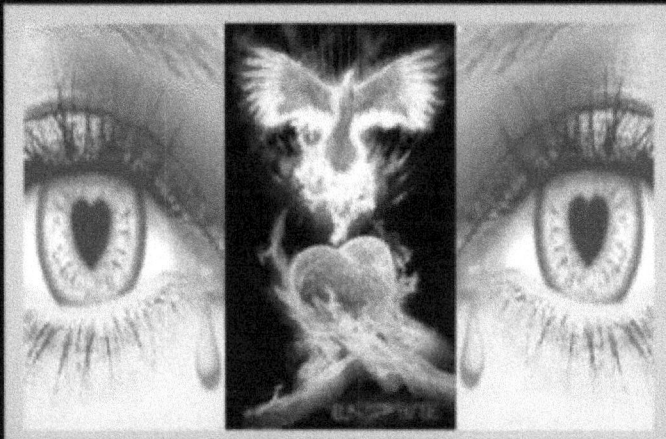

Daniel Rodriguez Herrera

DANIEL RODRÍGUEZ HERRERA

DANIEL RODRÍGUEZ HERRERA

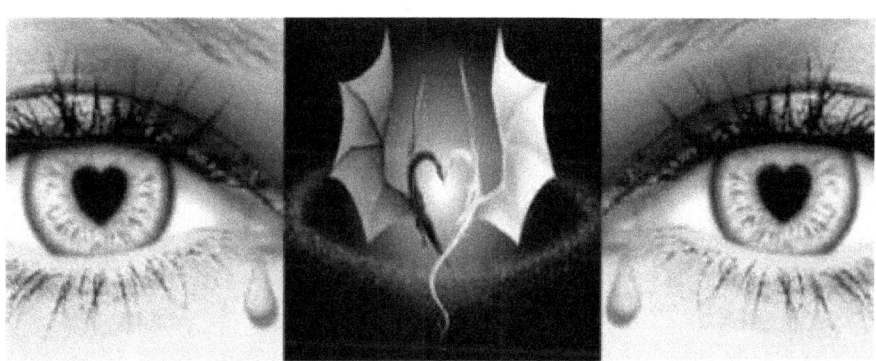

DANIEL RODRÍGUEZ HERRERA

NEGOCIANDO CON LA VIDA

DE

DANIEL RODRIGUEZ HERRERA

© VIVIENDO EL AMOR

© Daniel rodríguez herrera

ISBN papel 978-84-686-1155-6

Impreso en España

Editado por Bubok Publishing S.L.

DANIEL RODRÍGUEZ HERRERA

DANIEL RODRÍGUEZ HERRERA

Perdido en el laberinto de la vida

De nuevo en medio de una encrucijada,
recuerdos se retuercen en la memoria,
de días felices tornados en hojas afiladas,
recuerdos que no borran ni las plegarias.

Andando atajos me veo en los pantanos,
por recuerdos encerrado en mi frágil mente,
siempre presentes los tiempos pasados,
ocultados tras engaños al resto de la gente.

En medio de la gran llanura me encuentro ahora
impasible en estado plano esta mi corazón,
viendo pasar los días sin vivir ni una hora,
viviendo recuerdos pasados que nublan la razón.

Soterrado de la mente en las oscuridades del averno,
ya en mi corazón no cogen los pasados recuerdos,
he de salir de este laberinto para llegar al bello huerto,
donde coger fuerzas para de la vida afrontar sus entuertos.

Olvidando de la vida el veneno

Tanto tiempo en la mente encerrado,
mi cuerpo sin fuerzas había quedado,
en el bucle de la vida siempre atrapado,
para nunca llegar al destino señalado.

Soñando despierto con oscuros sentimientos,
veneno de recuerdos en la cabeza mutados,
momentos felices, grandes cuchillos afilados,
para en nuestra mente tenernos condenados.

Recuerdos vividos que nos arrastran al pasado,
obstáculos en el camino para no seguir avanzando,
lamentos que no se cayán aun de la vida sacando,
veneno para la vida que no puede ser tratado.

El cuerpo he sangrado para poder limpiarlo,
veneno que del cuerpo nace en el centro,
de lo profundo de mi mente logre sacarlo,
ahora sé que algo nuevo en mi nace dentro.

Negociando la vida

Sentado con mi propio alma negociando,
para seguir con la vida un nuevo pacto,
para limpiar el alma y seguir luchando,
para conseguir volver a nacer en el acto.

Reflexionando del interior lo acontecido,
preparando el cuerpo a su nuevo destino,
expulsando los malos tiempos vividos,
poniendo clausulas en un contrato indefinido.

En este momento se iluminan nuevos caminos,
los cuales por seguir con la vida discutimos,
enfrentados cuerpo y alma dos negociadores finos,
a ver cuál de los caminos de la vida elegimos.

Un paso más

Saliendo del armario enclaustrado,
en el cual he vivido años encerrado,
soñando con recuerdos del pasado,
de la vida huía y cerré los candados.

Cuanto tiempo en el armario encerrado,
ciego ante aquellos que tendían su mano,
no se los años escondidos que he pasado,
cuantas cosas en la vida desaprovechado.

Largas horas sobre la vida reflexionando,
noches enteras con la cabeza divagando,
perdido en ese mundo paralelo inventado,
imaginando que alguien está a mi lado.

Hoy salgo del armario ruinoso del pasado,
cuantos trenes perdidos, por estar llorando,
pensamientos que me estaban matando,
consuelo por todas partes estaba buscando.

DANIEL RODRÍGUEZ HERRERA

Buscando las palabras

Yo sentado de nuevo en mi habitación,
viendo ante mi pasar impasible el tiempo,
buscando sin parar palabras en el corazón,
para ti decirte un te quiero con mucho tiento,

Pero hoy, día triste, me falta la inspiración,
solo tú eres la mujer que nubla mi razón,
un te quiero a ti cantaría en alguna canción,
la música y yo no nos llevamos en el corazón.

Si un juglar fuera todo el mundo andaría,
contando las cosas que por amor sentía,
un te quiero en cada pueblo mencionaría,
y así proclamar el amor que por ti sentía.

Yo sentado de nuevo en mi habitación,
viendo pasar ante mi impasible el tiempo,
sin poder decir esas palabras "te quiero",
se retuerce mi por dentro mi corazón.

DANIEL RODRÍGUEZ HERRERA

Frustración

Desorientado en la vida,
perdido en el banal trabajo
solo en el camino de ida
ya no quedan más atajos.

Emocionalmente parados,
mentalmente cansados,
trabajos inacabados,
sueños nunca realizados.

Sin fuerzas para trabajar,
el corazón no quiere latir,
al cielo ya quiero viajar,
para así dejar de sentir.

Volvemos a tiempos pasados
en los que solo discutíamos,
nuevamente sueños capados,
cada vez que juntos trabajamos.

Trabajos que no verán la luz,
locos esfuerzos cotidianos,
que terminan en un ataúd,
contigo he de ir de la mano.

Siempre con algo inacabado,
hacia cualquier sitio mirando,
siempre con el fusil cargado,
para ser más que el de al lado.

Que complicado este sentir
un trabajo que no deja vivir,
de pena en ello vamos a morir
sin tener un solo día feliz.

ahora cada uno por su lado,
evitando los comunicados,
poniendo altos cercados,
de lo proyectos creados.

Vamos juntos en el camino,
separados estamos en vida,
no sé donde nos perdimos,
estamos en otra recaída.

DANIEL RODRÍGUEZ HERRERA

Y ahora lo llamamos amor

Sentado inmóvil en una habitación
delante de eso llamado ordenador,
con una mujer entablas conversación
en tres frases ya le hablas de amor.

Dos palabras y nos duele el corazón,
sin conocer a la persona ya hay amor,
acaso el mundo ya ha pedido la razón,
ya decimos te amo sin ningún pudor.

Dos días más y no puedes vivir sin ello,
parece que el mundo no tiene sentido,
a masturbarse lo llaman amor bello,
el mundo en su declive está sumido.

ahora de "hacer el amor" esta aburrido,
te sientes nuevamente solo y dolorido,
le cuentas todo lo pasado a otro desconocido,
y de nuevo empiezas del "amor" el ciclo.

DANIEL RODRÍGUEZ HERRERA

Cumpliendo años

A mi vida ya se acerca lentamente el nuevo año,
para abandonar este no sé si estoy preparado,
en mi interior no siento agua correr en este caño,
siento que el mundo mis recuerdos ha parado.

¿por qué esta vez mi mente no quiere dar el paso?
¿por qué la mente no quiere nacer en el nuevo año?
¿por qué en vez de alegrías se enjuga el llanto?
¿por qué de la fuerza de vida no siento el caño?

Ahora aquí sentado en esta la tasca del barrio
en este rincón solitario miro en el pensamiento,
sin encontrar más que soledad y algún agravio
de este pasado año vivido en el arrepentimiento.

¿por qué esta vez mi mente no quiere dar el paso?
¿por qué la mente no quiere nacer en el nuevo año?
¿por qué en vez de alegrías se enjuga el llanto?
¿por qué de la fuerza de vida no siento el caño?

Una vez más perdida de la vida su inocencia,
para que celebrar mi nacimiento sin agrado,
tarta y apagar las velas, reunirse con la familia
de qué sirve transgredirse al pasado sin futuro.

DANIEL RODRÍGUEZ HERRERA

¿por qué esta vez mi mente no quiere dar el paso?
¿por qué la mente no quiere nacer en el nuevo año?
¿por qué en vez de alegrías se enjuga el llanto?
¿por qué de la fuerza de vida no siento el caño?

A caso mi cuerpo ya no quiere seguir en este mundo,
donde una alegría es el antecedente a un infortunio,
en este año saliente con mi barco yo me hundo,
pues del mar de la vida ya se volvió todo turbio.

¿por qué esta vez mi mente no quiere dar el paso?
¿por qué la mente no quiere nacer en el nuevo año?
¿por qué en vez de alegrías se enjuga el llanto?
¿por qué de la fuerza de vida no siento el caño?

DANIEL RODRÍGUEZ HERRERA

El vacío del mundo

Llorando esta la noche en su silencio,
mortificando sin piedad esa alma solitaria,
de la cual ya nadie escucha su plegaria,
torturada por el mundo desde el principio.

Desangrado ya el corazón del que clama,
sin poder derramar ya ninguna lagrima,
su vida sucia y vacía igual que su alma,
nadie queda sin pasar de el por encima.

Llorando esta la noche en su silencio,
mortificando sin piedad esa alma solitaria,
de la cual ya nadie escucha su plegaria,
torturada por el mundo desde el principio.

Su vida se balancea frágil en el acantilado,
escuchando su canto amargo por llanto,
aplaudimos sus estrofas con agrado,
sin ver la tristeza que mora a nuestro lado.

Llorando esta la noche en su silencio,
mortificando sin piedad esa alma solitaria,
de la cual ya nadie escucha su plegaria,
torturada por el mundo desde el principio.

Ya no le cogemos la mano al moribundo
que cantaba para nosotros en los rincones
y con su melodía lleno nuestros corazones,
sin pensar que del mundo él es su vagabundo.

Alma rota.

Mi alma rota camina hacia el ocaso,

como caballo galopando a su paso,

el mundo despacio, dejando de lado,

la mano de la muerte como hermano.

Soñando nubes de ceniza a mi alrededor,

comienza a bajar de la vida el elevador,

durante años esperado con gran pudor,

llego la hora de subirse sin ningún temor.

Con el último suspiro de aire esto escribo,

en cielo o infierno ya me esperan de recibo

mas la vida de corazón ame y a todos os digo,

muero sin nada pues de la vida fui mendigo.

Perdido en la vida

Perdido de la vida en su recorrido,
en su mente un pensamiento vacío,
del cuerpo nació un corazón frío,
el mundo a su ser ha corrompido.

Perdido de la vida en su recorrido,
de la mano del hombre bien nacido
mas el mundo su persona a retorcido
sacando de su alma lo bueno conocido.

Perdido de la vida en su recorrido,
antisocial del mundo en que vivimos
y pensar que nosotros lo construimos
mirando la vida de ancestros ya idos.

Perdido de la vida en su recorrido,
del enamoramiento no es buen amigo,
del mundo encerrado en su domicilio,
espantado huyendo suicidio colectivo.

La venganza

Por la espalda clavaste el puñal de la venganza,

con ella de tener tu amor borraste toda esperanza,

tu ahora dices que sin mi la vida ya no avanza,

pero aquel día no dudaste de clavarme esa lanza.

En ti mujer que había depositado mi confianza

y en mi hundiste de los celos tu peor arma,

dejando libre el cuerpo de mi moribunda alma,

ahora conmigo intentas firmar de amor una alianza.

Sin ti mi vida yo ya había dado por culminada,

tu herida mi vida dejo completamente pulverizada,

tras la ruptura en el amor perdí toda esperanza,

tú la ultima en mi vida amorosa dejándola destrozada.

Tu mujer que tantas noches por mi mente fuiste soñada,

por qué mujer por venganza clavaste en mi aquella lanza

dejando caer mi cuerpo al precipicio como una plomada

y ahora regresas a mi diciendo que aun estas enamorada.

En ti mujer había depositado de mi vida toda confianza,

y ahora me dices que tras la ruptura la vida no avanza,

si no hubieras hundido en mi aquella envenenada lanza,

tal vez en mi corazón se encendiera una luz de esperanza.

DANIEL RODRÍGUEZ HERRERA

Buscando el norte

En mi vida sin quererlo el norte perdí,

buscando de nuevo miles de vueltas di

mas sin esperarlo te encontré a ti

y la cabeza por tu amor yo escondí.

Temeroso de tu amor no recibir el sí,

ante ti un muro de palabras describí.

escondí millones de sentimientos hacia ti,

y ahora yo digo al mundo que tonto fui.

No supe corresponder el amor que recibí

llorando el daño hecho me alejas de ti,

ahora clamo al cielo vuelvas junto a mi

sabiendo tu eres el norte que un día perdí.

DANIEL RODRÍGUEZ HERRERA

Castigo divino.

En los brazos de Morfeo me quiero quedar,

de este mundo vacío yo ya quiero escapar,

tal vez en otra vida mi corazón pueda amar,

a la mujer que en esta me hace suspirar.

Los dioses en el mundo nos pusieron al azar,

nuestras media naranja debemos que encontrar,

ahora que me digan como el océano cruzar,

en el otro lado espera la mujer de mi clamar.

En los brazos de Morfeo me quiero quedar,

y así dulcemente por tu amor dejar de llorar,

allá en la otra vida los dioses nos han de juntar,

y así el dolor que en esta sentimos compensar.

DANIEL RODRÍGUEZ HERRERA

Dolido en el amor

Por tu amor me duele el corazón,
por la distancia pierdo la razón,
así separados caigo en depresión
cuando te veo ardo en la pasión.

Por esos kilómetros llora mi corazón,
mis sentimientos nublan mas mi razón,
esta impotencia me genera depresión,
cada vez por ti es más fuerte mi pasión.

Al mundo a gritos canto esta canción,
tu imagen en mi produce esa ilusión
que desde niño llevo en el corazón,
ahora sé que soy víctima de la pasión.

Letra vacía la que suena en esta canción,
falsa esperanza la que crea esta ilusión,
imagen sangrante que llevo en el corazón,
brasa queman el cuerpo lleno de pasión.

Un sueño de vida

Larga distancia entre nosotros acortada,

pasión desatada con solo una mirada,

juegos soñados con la mujer amada,

en esta etapa de la vida para mí dorada.

Sin ti a mi lado el tiempo no avanza,

se me cae encima el techo de la casa,

pues enamorado estoy de ti eso pasa,

mi alma en ti, a vivir da una esperanza.

Llantos y tristezas tanto tiempo clavadas,

espinas del corazón ahora son arrancadas,

tu amor no da cabida a memorias extinguidas

solo da paso a juntar sin más nuestras vidas.

Agonizando por tu amor

Yo agonizando por tu amor estoy,
ya no sé donde vivo ni quién soy,
todo aquello que poseo te lo doy,
siguiendo tu camino a donde voy.

Al mirarte las nubes del cielo se paran,
los jilgueros por respeto no cantan,
las gentes absortas por el amor cayán,
mientras mi corazón y alma por ti claman.

Al abrazarte el mundo para sobre si de girar,
mi alma con tanta fuerza jamás supo amar,
este amor ante Cupido no me da miedo firmar,
pues solo él con su flecha nos hizo enamorar.

Al besarte por amor mi cuerpo haces tú levitar,
pues tus labios a fresados solo amor saben dar,
mi corazón por ti agitado no para de palpitar,
si esto es un sueño solo tú me puedes despertar.

Discutiendo con la muerte

Negociando con la muerte me encontré,

pues las venas por amor me rebane,

sin mirar por los demás mi vida abandone,

regale a Satán mi alma y del mundo escape.

Muerte a ti te pido llévame antes del amanecer,

me tortura mas saber en la tierra permanecer

hasta que profese su amor firmado esa mujer,

mientras sin mi alma solo puedo enloquecer.

La muerte en sus brazos no me quiere coger,

Satán dice que en la tierra debo permanecer,

por ese amor en la tierra debo enloquecer,

para que del infierno sea digno de merecer.

Envenenado

Aspirando el humo del negro tabaco,

pensando en tu belleza cada segundo,

contándolos interminables con el Ábaco,

con enumeradas copas la espera inundo.

Ansió el momento de tu regreso a mi lado,

larga se hace la espera de este enamorado,

que con la botella el amor espera ilusionado,

día a día de tu amor apasionado envenenado.

DANIEL RODRÍGUEZ HERRERA

Me siento enfermo

Tumbado en la cama, encogido, suspirando,

sudores recorren mi cuerpo en ti pensando

mariposas revolotean en el estomago sintiendo,

juntando esto creo de amor a ver enfermado.

De tu amor sin duda mujer me estoy enfermando,

de tu perfumado pañuelo aromas respirando,

mi corazón rápidamente por ti palpitando,

tu imagen desde mi cama siempre mirando.

Es cierto mujer que por tu amor estoy enfermando,

el día encerrado por ti paso sonándote, suspirando,

pues mi cuerpo, mi mente de ti se han enamorando,

en mi vida, mi deseo poder estar siempre a tu lado.

De amor enloquecido

De amor puro enloquecido

herido de las manos Cupido

en el cielo tú has nacido

tu eres mi ángel caído.

De ti locamente enamorado,

sueño de vida encarnado,

la mano de dios ha moldeado

tu cuerpo, a fuego horneado.

La pasión del cuerpo has desatado,

sin duda contigo yo estoy soñando,

de tu persona me siento embridado,

sin pensarlo de ti me he enamorado.

DANIEL RODRÍGUEZ HERRERA

Juntos en el dolor

Mujer que del amor amargo veneno probaste,

mujer que por el ser amado tu vida te jugaste,

mujer que todo a la persona amada entregaste

con desamor tuvo la desfachatez de pagarte.

Mujer de inconmensurable belleza escalofriante,

dotada de una sutil sensibilidad emocionante,

mujer de la vida, naturaleza y arte fiel amante

a ti los dioses del mundo deberían coronarte.

Y aquí yo pensando en esta velada memorable,

te comportas de manera para mi muy respetable,

haciendo que esta noche para mi sea inmejorable,

belleza en mi corazón grabada de forma imborrable.

DANIEL RODRÍGUEZ HERRERA

Un nuevo sentir

No sé como la razón, mi mente has nublado,

el corazón ardiente de amor has envenenado,

el tiempo contigo de mi vida mi has parado,

en un segundo muero si no estoy a tu lado.

Mis ojos de amor lagrimas han derramado,

mis manos temblorosas por ti han parado,

el sueño de este hombre ha sido santificado

por tu amor verdadero yo todo he dejado.

Decirme si esto antes otro hombre ha pasado,

jamás pensé que así me sintiera de enamorado,

al escribirlo mi corazón parece haberse parado,

pues tu mantienes mi corazón vivo, bombeando.

Dolido en el alma

Mi pena por amor desangelada,

siento perder toda mi templanza,

en mi cara lagrimas derramadas,

mi corazón pierde las esperanzas.

Nuevamente por ti mi desvelada,

mi alma dolida, triste y apenada

pues no veo la hora de tu llegada,

la vida sin ti ya no significa nada.

Perdido en esta noche apagada,

pienso mi vida contigo terminada,

mi alma totalmente desquebrajada,

por tu amor pasare la hoja afilada.

Dejando en el suelo derramada

la vida pues sin ti no es nada,

ya no veré mas tu cara soñada,

pues mi agonia esta desatada.

DANIEL RODRÍGUEZ HERRERA

De una pequeña amistad

Solo días hace que en mi vida entraste,

solo con saludarme ya me encandilaste,

ternura y simpatía conmigo derrochaste,

así sutilmente mi corazón te llevaste.

Hoy por estar contigo ya muero de ganas,

sin saberlo me haces vivir un cuento de hadas,

el sonido de tu voz ya me parece una balada,

tu imagen en mi corazón ya está grabada.

Sueño el momento que dejes ser por mi amada,

que mis palabras de tu corazón hallen la entrada,

para poder decir al mundo que eres mi amada,

y junto a ti el fin del mundo ver su llegad

Adiós

Corazón triste en noche tan sombría,

pensando, en el camastro que dormía,

en aquella habitación oscura y fría,

te esperaba fielmente noche y día.

Triste mi corazón tu llegada ya no vería,

por mi tan solo una lagrima derramarías,

hace tiempo que por ti no solo vivía,

pues de otro manantial de agua ya bebía.

Tristes para mi vienen a ser tus recuerdos,

larga noches de espera llevo en mi cuerpo,

tarde es para revolcarnos en el huerto,

pues tu amor de mi ya lo saco el viento.

DANIEL RODRÍGUEZ HERRERA

Yo que el mundo amaba

Aguardando yo estaba

en la noche oscura,

la lumbre chisporroteaba,

mi corazón se prepara.

Mi sueño se acercaba,

ya era la hora marcada,

en nervios yo nadaba,

no llegaba mi amada.

La irritación a mí llegaba

pues no veía tu llegada

mi corazón ya palpitaba,

pues ya sentía tu jugada.

Nuevamente la desvelada,

la noche fría se empañaba,

dudando ya de tu llegada,

lagrimas ya se enjugaban.

Yo que el mundo amaba,

al lado mi mujer soñada,

que feliz era yo pensaba,

así me das esta puñalada.

Pues en tu amor confiaba,

tú eras mu mujer amada,

en el corazón te llevaba

tu cara a fuego grabada.

DANIEL RODRÍGUEZ HERRERA

Desnudo

Hoy al mundo con estos versos mi ser descubro,
cuerpo viejo que con ejercicio no reconstruyo,
mi alma en estas palabras pongo al desnudo,
de este mundo destrozado, yo ya solo huyo.

Corazón enfermizo, lleno de sentimientos puros,
mente fría por la que nadie apostaba un duro,
mi alma dolida por el mundo en constante apuro
pues mi cuerpo alberga el templo del amor seguro.

Pensando siempre como es la vida y su futuro,
en la garganta sin dejarme respirar se pone un nudo,
mis ojos lloran por todas esas desgracias del mundo,
de mi llanto, por el mundo, en su agua yo me inundo.

Soldado que en la batalla del amor queda huérfano,
tendiendo a la persona pobre una mano de hermano,
soldado que llora pues no ha encontrado ser amado,
sin dudarlo, por esto, la muerte ya lo quiere a su lado.

DANIEL RODRÍGUEZ HERRERA

Siempre a la espera.

Perdido en la vida y su función,

palabras hacen doler el corazón,

sueños rotos llenos de gran razón,

amores perseguidos con tesón.

Sentimiento por todos perseguido,

el amor que a todos nos otorga Cupido,

al entrar en nosotros es un estallido,

de sueños que siempre hemos pedido.

Mil veces soñé de tu boca un sonrisa,

al mundo pedia de tus labios una noticia,

que mi mundo desea con gran avaricia,

de tus manos solo quiero una caricia.

Enamorándome

Sin darme cuenta algo estaba pasando

en el callejón del amor iba entrando,

sin quererlo día a día hacia ti caminando,

lentamente de ti me fui enamorando.

Parece insólito es lo que está sucediendo,

si darme cuenta me estas envolviendo,

tu amor todo mi cuerpo está recorriendo,

en tus redes de amor ya estoy sucumbiendo.

No puedo vivir sin tu amor por voy muriendo,

a tus pies de rodillas por amor voy cayendo,

el amor que me das, es de mi vida el sustento,

contigo en mi vida ya no necesito otro alimento.

Esperando el nuevo día.

Olvidado de la mano del mundo estaba,

pues para renacer tu amor yo necesitaba,

fuertemente por tu amor siempre gritaba,

porque cada día pasado más me enamoraba

Atrapado entre tus brazos ahora estoy,

mas solo pienso en besar tus labios hoy,

para decir al mundo a gritos quien soy

y delante de todos mi corazón te doy.

Soñando cada noche por tus besos moría,

bebiendo el néctar de tu cuerpo sobrevivía,

siempre en la sombra escondido el nuevo día,

para así decir al mundo que por fin eres mía.

Pura inocencia

Soñaba que esta noche te tendría,

pensé que tal vez al fin te poseería,

preparare la velada con gran alegría,

me prometí que de amor te colmaría.

Las horas pasan soñando durante el día,

miedo tengo darte a la caricia prometida,

esta noche toda nuestra vida marcaría,

pensado que así nuestro amor consagraría.

Bendita inocencia que nuestro amor tenia,

pues aquella noche la mas especial seria,

pasamos la noche entre juegos y caricias,

los dos supimos nuestro amor no pasaría.

Hoy del mundo descubrí...

No comprendía por tan cercanos mis versos,

versos de amor llenos de cercanos deseos,

sentimientos aflorados convertidos en besos,

este enamoramiento derrite ya mis sesos.

En el mundo entero mi amor por ti hace ecos,

a la gente en mis poemas muestro mis deseos,

realmente son mis lloros cuando te siento lejos,

pues mi alma solo piensa en llenarte de besos.

Soñando que el resto de la vida juntos estemos,

mostrando al mundo lo mucho que nos queremos,

una vez más te cuento mis puros deseos,

si algo al cielo pido es que de por vida nos amemos.

Descubriendo el amor

Cuando de ti me empecé a enamorar,

cuando en ti comencé así a pensar,

en mi corazón tu entraste sin avisar,

ahora sé que significa en verdad amar.

Cuando te conocí las campanas repicaron,

las palomas al vernos juntos su vuelo alzaron,

las mariposas de mi estomago se apoderaron,

mis sentidos al verte quedaron obnubilaron.

Por primera vez en la vida mis piernas temblaron,

al escuchar tu voz mis oídos quedaron prendados,

al contemplar tu imagen suspiros me fueron robados,

pues en aquel instante supe que estaba enamorado.

Muerto en vida

Tristemente muerto en vida,

invadido por la melancolía,

despertando todos los días,

en esta vida para mi vacía.

Vida de un fino hilo sostenida,

vagando en este camino de ida,

cuantas veces al cielo pediría,

no despertar a ver el nuevo día.

El alma en mil pedazos partida,

mi sueños de vida desaparecían,

y algo malo en la vida sucedería,

que la puntilla a mi vida pondría.

DANIEL RODRÍGUEZ HERRERA

Morir por ti deseo.

Por ti suspiro, gimo y lloro,

con todo mi alma te adoro

tu eres mi mayor tesoro,

solo a ti en el mundo añoro.

Sin ti en mi vida desespero,

por ti ya ardo en el deseo,

muero por qué no te veo,

necesito beber tu veneno.

Eres mi más profundo deseo,

solo gritar tu nombre quiero,

siento por ti amor verdadero,

pues por tu amor ya muero.

Por un sentimiento desconocido.

Hoy mi alegría convertida en mi tristeza,

hasta escribir estos versos me da pereza,

yo nunca ame a nadie con tanta fuerza,

no tenerte cerca me provoca gran tristeza.

Pensaba que del amor ya era conocedor,

que todo era muy bonito a su alrededor,

ahora sé que el amor también es dolor,

pues nada tengo para mostrarte mi amor.

Lagrimas se desprenden sin ningún pudor,

olvido hasta respirar pensando en tu amor,

mi alma enamorada, inundada de dolor,

por estar unas horas separado de tu amor.

Holocausto

Perdido del amor en un solo latido,

el mundo encima se me ha venido,

por este amor en mí jamás sentido,

de la nada en mi corazón prendido.

Holocausto de este hombre desfallecido,

que por amor en la cama yace dormido,

mi alrededor sin ti ya no tiene sentido,

al mundo por amor mi alma he vendido.

Un sentimiento de este amor ha nacido,

que este hombre jamás había conocido,

miedo siento ante este amor desconocido,

que arde dentro y se abre su propio camino.

Del orgullo al llanto

El corazón que lagrimas va derramando,

ahogado en sí mismo por ti suspirando,

ya preso del amor se va desgarrando,

tu sangre lo nutre y se la vas negando.

Los ojos que te mirar ya están sangrado,

el dolor del alma en ellos ya reflejado,

muerto en vida por tu amor esperando,

sacrificio inhumano por el amor no llegado.

Sueños de ternura tan solo están esperando,

ahora lloran sin esperanza al amor no llegado,

sueños que poco a poco se van desquebrajando,

dolido el orgullo, la vida de las manos escapando.

Lloros tristezas y agonías que se van desatando,

lentamente el reloj del amor se está parando,

la soledad en el corazón nuevamente entrando,

dejando atrás de la vida sus placeres y encanto.

Llego la tormenta

Tormenta que del amor tuvo que llegar,

sueños creados que solo causan malestar,

palabras prometidas que jamás han de llegar,

en este mundo la vida no quiero continuar.

Juego sucio de bonitas palabras ardientes,

desquebrajan dulces sueños de días felices,

días de gloria, demagogia para sueños irreales,

felicidad convertida en la más fría crueldades.

De los sueños bajado de vuelta por cruda realidad,

locura de amor, falsa esperanza vista con frialdad,

felicidad del hombre convertida en enfermedad,

sin palabras enjuagadas de nuevo reina la soledad.

Firmando una tregua

Con el miedo en el cuerpo aun metido

por sentir que de vida habías salido,

mi corazón ya llora por haberte perdido,

en mi alma no hay cabida para tu olvido.

Noche solitaria para la más pura agonía,

las horas no pasan para ver el nuevo día,

contemplar tu rostro y firmar una amnistía,

para amarnos y dejar así esta guerra fría.

Amor declarado al mundo sin ningún reparo,

diremos que juntos iremos cogidos de la mano,

solo pensando en este nuestro amor desatado,

por el que tantas veces ambos hemos llorado.

Buscándote, no te encontraba

Buscaba el amor sin saber que ya encontrado,

en mi corazón sin prisa tu amor ya habías anidado,

sin hacer ruido mucho tiempo llevabas a mi lado,

en silencio, susurrando palabras a tu enamorado.

Yo necio de mí buscando el amor en cualquier lado,

y no veía que tu corazón ya me habías entregado,

tu vida en mis manos hace tiempo ya habías dejado,

esperando mientras en mi búsqueda seguía obcecado.

Hoy que faltas de mi lado de todo me he percatado,

tan metido en mi búsqueda que los ojos tenía tapados,

ahora lloro tu marcha por estar del mundo obnubilado,

mirando mi ombligo sin fijarme en la mujer de al lado.

Un solo deseo

Te sueño desde el día de tu nacimiento,

tu rostro siempre llevo en mi pensamiento,

en mi corazón por ti solo hay un sentimiento,

amarte toda la vida hasta el último aliento.

Pienso el día que por primera yo vez te vi,

sé que en ese momento me enamore de ti,

y ahora solo le pido a dios te acerque a mí,

porque mi vida no tiene mayor sentido sin ti.

Solo sueño y espero que llegue el momento,

en que las estrellas nos unan sin miramientos,

santificando nuestros más puros sentimientos,

uniendo de por vida a ti esto que yo siento.

Un solo destino

Los sabios dicen que no hay vida tras la muerte,

yo solo pienso que muero y vivo para quererte,

desde el primer día de vida solo pienso en hallarte,

para devolverte el amor que antes me profesaste.

Desde los primeros tiempos solo vivo para encontrarte,

pues mi vida no tiene otro destino que a ti amarte,

de mil formas he plasmado tu belleza en forma de arte,

para cuando vuelvo a nacer poder con mirarlas recordarte.

En mis pensamientos desde niño no hago más que soñarte,

pues mi destino en la vida no es otro que de ti enamorarme,

miles de vidas pasadas solo me enseñan una vez más amarte,

aun cuando muero mi alma inconsciente no deja de custodiarte.

No es fácil amar

Horizonte fatídico,

horizonte perdido,

por todo lo vivido ,

antes no sentido.

Mil noches soñadas,

mil noches desvelada,

pero jamás imaginaba,

que así me enamorara.

Respirar son suspiros,

en el corazón heridos,

de amor dardos lanzados

por Cupido de sus manos.

Un minuto sin ti.

Cuando te embarga la soledad,

te abandona lenta la felicidad,

comienza a entrar la ansiedad,

la tristeza ya cobra prioridad.

Llevándote dentro del corazón,

pensando, pierdo por ti la razón,

en mi vida no hay mayor ilusión

contar con el juego de tu pasión.

Imposible de ti tener separación,

me inunda esa horrible sensación,

que traspasa punzante mi corazón,

apoderándose de mi la desesperación.

Cuando te alejas

Desolación golpea duro mi alma,

sin ti ya no se respira esa calma,

de las manos fuego en la palma,

mi corazón a gritos a ti te llama.

Aflora aun mas por ti mi amor,

siento en mi corazón ese ardor,

noto más fuerte en mi ese calor,

que solo tu pones en mi interior.

sentado pensando sobre la cama,

mi cabeza en la mujer que ama,

enciéndase aun mas por ti la llama,

del amor abrasador mi alma clama.

DANIEL RODRÍGUEZ HERRERA

La verdad en mi corazón.

Solo tú habitas en mi corazón,

provocando en mí esa emoción,

que llena mi vida de luz e ilusión,

de vivir solo tú eres mi única razón.

Jamás sentí algo así en mi corazón,

Sin ti nada importa a mi alrededor,

solo tú eres santa de mi devoción,

sintiendo por ti el más puro amor.

Gracias al cielo doy por esta bendición,

que de amor hace rebosar mi corazón,

a ti entrego mi corazón sin condición,

yo siento que dios por amor nos unió.

Sin perder la esperanza.

Hoy con un nudo en la garganta,
pensando en ti, mi mujer amada,
no dejare que se apague la llama,
que pusiste en mi vida apagada.

Necio seria si marchar te dejara,
no podría ni mirarme a la cara,
si el amor que siento escapara,
pues sin ti mi vida no vale nada.

Llorando escribo estas palabras,
con este nudo en mi garganta
que por tu amor muere mi alma,
en ti solo pienso mi mujer amada.

De la mano de Dios.

Mujer de la mano de Dios escogida,

dotándote de esa hermosura divina,

con una mirada al hombre encandilas,

en ellos llamas de amor encendidas.

Mujer que de la mano de Dios nacida,

tú belleza por los hombres reconocida,

Ultimo pensamiento del hombre suida,

que por no tenerte se quita la vida.

Mujer de la mano de Dios prometida,

sueño de amor del hombre con vida,

del paradisiaco Edén tú fuiste escogida,

para al hombre asi devolver la alegria.

Cegado

Los ojos una venda tenía tapados,
buscándote vivía sin mirar mi al lado,
en la vida me sentía yo desangelado,
buscando el amor vivía obsesionado.

Tantas veces grité al amor esperado,
tantas veces yo soñé estar a tu lado,
tanto tiempo viví en soledad cegado,
que ahora lloro al a verte encontrado.

El amor soñado hoy ya está a mi lado,
meciendo mi vida con su suave mano,
dándome sin más lo que había soñado,
ahora sé de ti siempre viví enamorado.

DANIEL RODRÍGUEZ HERRERA

Perdido en el amor

Yo perdido estoy en el mundo del amor,

sintiendo como tiembla en mi ser interior,

notando en mi flaqueza por falta de valor,

sin poder expresar este fuego abrasador.

Solo tú eres la mujer que en mi vida soñé,

la que de niño a fuego en mi corazón grabe,

por la cual rogando al cielo mil veces recé,

soñándote en la niñez, de ti me enamore.

Solo ruego al ciego conserve en mi la razón,

que no se borre lo que siento en el corazón,

pues yo jamás sentí así el fuego de la pasión,

solo puedo decir que te amo con gran tesón.

Esperando el beso mortal

Yo soñando a tu lado amanecer,

haciendo tu cuerpo estremecer,

creando recuerdos para el ayer,

pensando ya en juntos perecer.

Mi corazón por ti no deja de arder,

nuestro amor no para ya de crecer,

si faltas de mi lado siento desfallecer,

un amor así no ya puede desaparecer.

Perdido en el amor hasta enloquecer,

contigo vivir quiero hasta el atardecer,

sin ti en mi vida no tiene razón de ser,

de tus labios la muerte debe dejase caer.

Conflicto eterno

Desesperado, desolado, angustiado,

así estoy cuando no estás a mi lado,

perdido estoy llorando, desangelado,

siento, hoy no me llevas de la mano.

Susurros al oído me dejan meditando,

dudando, pensamientos alborotados,

por tu amor ahora me siento encelado,

pues como a ti jamás había yo amado.

Disturbios, pensamientos prejuzgados,

sentimientos que provocan altercados,

cuerpo y mente piensan por separado

que de ti locamente estoy enamorado.

DANIEL RODRÍGUEZ HERRERA

Reviviendo cada día el pasado

Hoy del tiempo pasado en el olvido.

pensando aquel momento vivido,

sabiendo, en tus redes he caído,

sin oponerme a la leyes del destino.

Expectante de la vida y su futuro,

no queda por derivar ningún muro,

esperando el día que seamos uno,

mi alma hechizaste sin usar conjuro.

Sentimientos puros hay en mi corazón,

momentos de locura invaden mi razón,

el cuerpo embriagado de amor e ilusión,

mi cuerpo y alma tuyas son sin condición.

DANIEL RODRÍGUEZ HERRERA

El sueño anhelado

Soñando esa vida ansiada de cuento,

esperando incesante ese momento,

que tus labios digan, a ti me prometo,

seamos uno en cuerpo y pensamiento.

Del mundo romper a gritos el silencio,

este sentimiento que sin pensar creció.

convirtiéndose en un amor puro y recio,

cantar el amor sentido no tiene precio.

Dándole vida a todos estos sentimientos,

ordenando al fin todos los pensamientos,

dejando fluir el amor en todo momento,

siendo el uno del otro el único alimento.

DANIEL RODRÍGUEZ HERRERA

En medio de la tempestad

Estando del amor en su dura tempestad,

rogando al cielo el amor y su continuidad,

mujer que haces mis sueños una realidad,

haciendo me con tus actos vivir la felicidad.

Ahora siento no llegar a darte tranquilidad,

siento no llegar a cumplir con tu necesidad,

pensando este amor no comparte igualdad,

¿qué hacer para proporcionarte la felicidad?

Mi amor por ti es mi vida, amarte mi realidad,

desdichado soy al no satisfacer tu necesidad,

estoy perdido como barco en la tempestad,

siento solo puedo darte mi amor y fidelidad.

DANIEL RODRÍGUEZ HERRERA

Larga la espera

Largo el día sin ti en la distancia,

sin una palabra, sin una caricia,

pensando en ti, en una nubecilla,

mi corazón triste inunda de alegría.

Sentimientos que no yo conocía,

pues mi vida sin ti estaba vacía,

el corazón latía, pero nada sentía,

eres de mi vida toda mi alegría.

Tú pones la luz que nunca veía,

el calor que mi cuerpo no sentía,

la vida que en mi interior no latía,

sin duda eres el sueño de mi vida.

Jamás pensé que esto ya diría,

pero solo contigo me casaría,

pues de mi vida eres la alegría,

de mi corazón el motor de la vida.

Solo por ti vivo

Tú haces que mi corazón sigua latiendo,
que el amor en mi por ti siga creciendo,
al despertar eres mi primer pensamiento,
y sin saberlo de mi vida eres el alimento.

Hace ya mucho tiempo que ti solo miro,
tu nombre en mis sueños, dormido digo,
por el mundo mi amor por ti solo grito,
en mi vida jamás sentí algo tan bonito.

Mi amor oculto que en las sombras espero,
la mujer que desde el silencio me enamoro,
la persona que a mi corazón la vida devolvió,
eres el milagro de vida que Dios me concedió.

DANIEL RODRÍGUEZ HERRERA

Hoy siento miedo

Hoy el miedo en mi cuerpo sentía,

el amor en mi ya abría una herida,

creí que no estarías al entrar el día,

pensé que ya nunca más te vería.

Sentado oculto en el rincón oscuro,

sabiendo que la vida no vale un duro,

siento en el corazón este amor puro,

que hace contigo ser tan inmaduro.

Solo tú de mi corazón tiras el muro,

me haces sentir feliz en este mundo,

pues sin ti, en la soledad me hundo,

con enjugarse mi llanto todo inundo.

Una palabra tuya me devolvió la vida,

de la oscuridad en su abismo yo caía,

pues sin tu amor mi vida daba perdida,

eres la fuerza que me mueve cada día.

Mudo

Perdido en el amor, en sus mundos,
mirándote, tiernamente ruborizado,
quedando ante ti totalmente mudo,
corazón en mano mirando enamorado.

Silencio en el corazón de amor herido,
en la garganta atado un fuerte nudo,
que no deja salir la voz con lo sentido,
en expresar el amor vivido yo soy nulo.

Escondido el corazón en rincón oscuro.
donde llevar la mirada baja es alabanza,
pues mirar tu rostro mi vista no alcanza,
mi amor no sé explicarte siendo puro.

Inexperiencia

En el silencio gritos ensordecedores,
por todos lados ya llegan los rumores,
en el corazón sufres mal de amores,
llegan a ti del amor sus fríos sudores.

Naufrago soy en tema de sentimientos,
pobre corazón en eso siempre muerto,
insuficiente para el cuerpo el alimento,
de tu amor en silencio nutro mi cuerpo.

Enterrado me estoy en la impotencia,
al no decirte lo que por ti yo sentía,
sentado, pensando en la cama estaría
buscando las palabras que te diría.

Conociendo el amor

Muy soleado hoy está el día,

así venza el amor y su alegría,

pues yo hoy llevarme dejaría,

y de amor hoy a ti te colmaría.

Como vagones en la misma vía,

unidos por el camino de la vida,

sin perder ya el rumbo de ida,

gozando del otro en compañía.

Amor que inunda sin más la vida,

que confunde la noche con el día,

guiándonos por el camino de ida,

hasta llevar al corazón la alegría.

DANIEL RODRÍGUEZ HERRERA

Caminando juntos

Yo mirando atrás en el pasado,

de amor el corazón envenenado,

febrilmente yo de ti enamorado,

en mi corazón tu rostro marcado.

Envenenado con el elixir del amor,

condenado a este fuego abrasador,

pues tu amor solo siento ese calor

tan dulce, aromático y embriagador.

Con el fuego de la pasión unidos,

en el corazón solo suena un latido,

de la vida solo hacemos un camino,

el que juntos cada día escribimos.

Obra de arte

Mujer perfecta obra de arte,

abrasa mi alma con mirarte,

mi cuerpo ya a fuego arde,

siento necesidad de amarte.

Mis ganas de acariciarte,

mi sueño poder besarte,

mi necesidad de tomarte,

toda mi vida es amarte.

En mis mañana despertarte,

en mis tardes enloquecerte,

en el atardecer contemplarte,

y en la noche he de amarte.

Perplejo

Perplejo con la mente fija en el olvido,

recordando momentos antes vividos,

sueños en el recuerdo están perdidos,

pensamientos de tiempo ya forajidos.

Perplejo pensar en aventuras y amoríos,

cosas olvidadas por diferentes motivos,

sueños de tiempos memorables limpios

a los que sucederían pensares impíos.

Perplejo mirando atrás como sacrificio,

soñando el tiempo vivido y lo perdido,

mirando a hora con el tiempo detenido,

todo aquello en mi vida ya acontecido.

Haciéndolo

Silencio en el amor ya roto,

necesidad el uno del otro,

el corazón late como moto,

la pasión arde en nosotros.

Arañazos y gemidos sonoros,

sudores y besos amorosos,

jadeos y de placer sogollozos,

amor lascivo pero respetuoso,

Excitado por tu aroma oloroso,

frenesí desenfrenado amoroso,

besos firmes, abrazo caluroso,

esperado orgasmo monstruoso.

Arco iris

Policromías de colores
en nuestros corazones,
dando miles de razones
para sufrir mal de amores.

Rogando a dios un color,
al cual darle todo el amor,
embriagarse de su olor,
sacar del cuerpo ese dolor.

Siendo el amor un arco iris,
que colmado de amores
al mirar de tu pareja el iris,
ves unirse todos los colores.

Rojos, verdes, blanco o azules
fundiendo el tono de los colores
en esa mujer reina de corazones,

que nos harás suspirar de pasiones.

Loco de amor

Perdidamente enamorado,
de la mujer sentada al lado,
con el corazón en la mano,
su vida ya me ha regalado.

Sentimiento en mi grabado,
a lento fuego fue fraguado
en este corazón a afortunado
por a ti tenerte a mi lado.

Sin ella hoy estaría acabado,
mi sueño no hubiera logrado,
pues no abría ido de tu mano
a jurar en el altar que te amo.

DANIEL RODRÍGUEZ HERRERA

La primera vez que te vi

Un sentimiento en mi crecía
antes de esa primera caricia,
un sentimiento en mi nacía
la vez que enfrente te tenía.

De mi cabeza nunca saldrías,
en mi vida tú siempre lucirías,
ahora conozco tengo caricias
que de mi jamás ya borrarías.

Un nombre en mi grabarías,
con gran orgullo yo te llevaría
en el corazón tocaste un día,
y del que jamás tú ya saldrías.

Dando cuentas

Suspiro saliente del olvido,
de este corazón ya dolorido,
siempre por el amor sufrido,
al cielo amor rogado y perdido.

Hoy del silencio explotado,
el llanto enjugado callado,
esperando así el ser amado
al cielo pedido y aclamado.

Excéntrico del amor pasado,
recuerdos, dolor guardado
dejando el corazón apagado,
todo eso que llevamos al lado.

Llorando el amor pasado vivido,
falso bienestar para todos fingido,
y ahora explicando al ángel caído,
porque el amor no ha aparecido.

Con el miedo dentro

Primerizo en el amor me siento,

en mí solo hay un sentimiento,

ya loco con este enamoramiento,

no me sacia ya ningún alimento.

Ante ti con el corazón en la mano,

con las piernas rígidas y temblando

intentando no decir cosas en vano,

yo no puedo decir te amo hablando.

Ya paso el día entero en ti soñando,

yo mi amor por ti ya voy derramando,

a todo el mundo diciendo y contando,

y a tu lado no sale nada de lo planeado.

Casi me siento impotente y amargado,

pues este amor, sin palabras escapado,

que desde niño yo siento en mí anidado,

lo veo perdido por estar así acobardado.

DANIEL RODRÍGUEZ HERRERA

Tiempo llamado pasajero

Regalos no llegan en su tiempo,

suspiros dados sin sentimiento,

los lloros tapan el conocimiento,

mas que gozo, es ya sufrimiento.

Sumido en la desesperación,

embargado en la frustración,

sangrante, dolido el corazón,

al punto de perder la razón.

Después cabizbajo y moribundo,

el estima bajo no más profundo,

hundido un desdichado segundo,

perdido el momento me hundo.

DANIEL RODRÍGUEZ HERRERA

Sumido en la desesperación,
embargado en la frustración,
sangrante, dolido el corazón,
al punto de perder la razón.

Alejándote sin prestar atención,
al sufrimiento vivido en la acción,
mi cuerpo sumido en desolación,
hacen perder de mi tú atención.

Sumido en la desesperación,
embargado en la frustración,
sangrante, dolido el corazón,
al punto de perder la razón.

Golpeado en la sien con un cazo,
agua fría cayendo por el brazo,
jamás alguien de si solo tal gazapo,
después de en la cama el gatillazo.

Cuando tu no estas

Lagrimas rodando por la cara,

surco invisible que nunca acaba,

tristeza en susurros acabada,

roto el corazón por ti clamaba.

El dolor ya del cuerpo apoderado,

el sufrimiento nunca sospechado,

amor vivido a la fuerza terminado,

siento en mi corazón han robado

Ausencia del amor que esperaba,

la muerte por delante aguardaba,

llevándose el corazón de mi amada,

de esta nuestra vida bien soñada.

DANIEL RODRÍGUEZ HERRERA

Oscuro pasado

Soñando de la vida en el silencio,

regando al cielo por ser tan necio,

nada mas pensando en el berbeció,

me aleje de la vida y sus negocios.

No recordaba ya a ver nacido,

ni como en este mundo caído,

solo veo ya el tiempo perdido,

por en la barra a ver vivido.

Altivos de luz ahora en el horizonte,

perdido sin rumbo buscando el norte,

como del árbol en mi un nuevo brote,

un nuevo camino para asi salir a flote.

Mirando atrás y viendo lo vivido,

el tiempo tontamente perdido,

contento por a ver sobrevivido,

el mundo me tenia en el olvido.

Embrujado

En mi siento algo ya olvidado,
de ti ciegamente enamorado
mi corazón siento muy alterado
por tu amor ha sido envenado.

Sumiso ante la luz de tus ojos,
de tu cara perdido en sus hoyos,
a merced de tus labios sinuosos,
suplicando ese abrazo amoroso.

Esperando este gesto caluroso,
que me hace sentir tan dichoso
dejando un sentimiento meloso
de tu corazón dulce y esponjoso.

No puedo separarme de tu lado
tu persona me tiene embrujado,
nublado completamente alelado,
jamás así me había enamorado.

DANIEL RODRÍGUEZ HERRERA

Si tu no estas

El día no ha empezado

y ya lo siento acabado.

cuando he despertado

ya no estabas a mi lado,

El cielo se ha nublado,

las estrellas alborotado,

cuando he despertado

ya no estabas a mi lado.

Mi corazón eclipsado,

día triste ha empezado,

cuando he despertado

ya no estabas a mi lado.

Mi alma se ha acongojado

lagrimas mis ojos sacado,

cuando he despertado,

ya no estabas a mi lado.

Mi corazón desesperado

respirar ya he olvidado,

cuando he despertado

ya no estabas a mi lado.

Mi sueño perturbado,

el alma está llorando,

cuando he despertado

ya no estabas a mi lado.

DANIEL RODRÍGUEZ HERRERA

Sucumbiendo ante tus encantos

Sucumbiendo ante tus encantos,

de naturaleza nacidos innatos,

tu voz de las sirenas es su canto,

mujer por la que yo me debato.

Imagino a tu lado el nuevo día,

llenando mi corazón de tu alegría,

nutriendo mi alma de tu simpatía,

eres el ángel que al cielo yo pedía.

Rogando todo los días me veía,

antes de conocerte ya te quería,

mi sueño amado de ti recibiría,

hay supe que mi vida no perdía.

Hidalgo caballero bien armado,

que el corazón dejo destapado,

pues el corazón te ha robado

la mujer que tanto has soñado.

Un simple adiós

Desorientado, perturbado, perdido, cohibido,
así me siento cuando de mi lado te has ido,
sin esperarlo me ha dado un fuerte vahído,
mi corazón por última vez parece haya latido.

Asustado, acurrucado, nervioso, acongojado,
así mi alma ha quedado al separarte de mi lado,
mi pensar, en tu adiós ha quedado bloqueado,
la sangre en mi cuerpo al oírte se ha congelado.

Sin aliento, abstraído, llorando, moribundo
ese sentimiento arraigado en lo más profundo,
sin ti en mi vida perdida la siento y me hundo,
sin ti no tiene sentido seguir en este mundo.

DANIEL RODRÍGUEZ HERRERA

Un solo error

Este triste dolor que provoca en mi agonía,

mi corazón inundado por esta rara melancolía,

esta herida que no se cura con la sabiduría

sabiendo no se borrara de mi en un solo día.

Al cielo pido cambie sin más este infortunio,

porque amor en su día de la mano nos unió,

y ahora porque bien amarnos nos sacudió,

sin pensar el daño por el amor un día nos dio.

Pensar que por un lamentable error te perdía,

una confusión la tragedia mas pura nos traería,

esta tortura nuestras vidas ahora así marcaria,

rogando al cielo borre de nosotros esta sangría.

Ahora veo la luz que el camino antes iluminaria,

por el caminando de la mano juntos nos llevaría,

hasta el final de la vida cargados con gran alegría,

sabiendo que de ti ni ante la muerte me separaría.

DANIEL RODRÍGUEZ HERRERA

Naufrago

Solo, naufrago de los sentimientos,

parece amor solido, en sus cimientos,

aparentemente no hay desperfectos,

pero el corazón deja ver sus efectos.

Solo, naufrago de los sentimientos,

por tu amor estoy yo enloqueciendo,

aparentemente no hay desperfectos,

pero mi amor por ti sigue creciendo.

Profetizado antes de tu nacimiento

a tus pies yo iría poco a poco cayendo,

ante ti perdería sin más el conocimiento,

por ti poco a poco iría yo sucumbiendo.

Como animal salvaje profundamente herido,

buscando sin para ese lugar prohibido,

donde yacer durante los siglos malherido,

por ese amor que yo siempre he querido.

DANIEL RODRÍGUEZ HERRERA

Presente y pasado

Enamorado del presente y el pasado,

en el pasado de ti estaba enamorado,

fue durante de aquel largo visionado,

cuando supe que jamás había amado.

Al verte supe que para mi habías nacido,

mi ángel de la guarda del cielo tu caído,

a mí, la paz interior solo tú me has traído,

y en el más puro a mor la has convertido.

Perplejo ahora ante ti me siento desnudo,

verte y en la garganta hacérseme un nudo,

no puedo decir un amo ya en este mundo,

y ahora tan solo parezco un pobre mudo.

Contando hoy mis sentimientos al mundo,

pues si la gente supiera esto, yo me hundo,

sentir esto para mi corazón es un orgullo,

que me dejes vivir la vida, así, al algo tuyo.

DANIEL RODRÍGUEZ HERRERA

Arenas movedizas

Pisando en tierra firme me hundía

en mis lagrimas escurridizas hoy día,

hundido en un desierto de lagrimas,

pensé que de mi lado te marcharías.

Forzando que conmigo te quedaras,

no veía me hundía en tierras aradas,

pues cada lagrima por mi derramada,

nuestra relación quedaba enterrada.

Con la arena al cuello y sin reparación,

el último intento de salvar la relación,

una rama me diste con esa canción,

que ambos llevamos en el corazón.

Esas palabras llenas de amor fueron

las que crearon para mi ese escalón

que a mi vida devolvió así la ilusión,

llevando de nuevo la vida al corazón.

DANIEL RODRÍGUEZ HERRERA

Amándose

Perdidos en las tinieblas mi pensar,

pues mi cuerpo te quiere amar,

dejarte sin respiración, oírte gozar,

solo contigo mi amor quiero expresar.

Mis manos en tu cuerpo quieren jugar,

tu cuerpo excitado comienza a jadear,

a tu corazón gozando se le oye palpitar,

tu cuerpo cálido me comienza a excitar.

Agarrado a tu cintura distancias a acortar,

mis manos en tu suave espalda a deslizar,

tus senos con mi pecho comienza a rozar,

la pelvis y la mía se empieza lenta a acariciar.

Impacientes por el cuerpo del otro tomar,

comienzan los cuerpos ardientes a frotar,

sonidos ardientes se empiezan a escuchar,

amándote y en un largo silencio culminar.

El mejor regalo que me podías dar.

En forma de flor mi vida te iba a regalar,

pensando nuestro compromiso reafirmar,

pues no sabía yo que todo iba a cambiar,

tu a mi hoy me terminarias de conquistar.

un te amo con claridad ibas a pronunciar

en mi corazón a fuego se iba a grabar

dijiste te amo con tal amor y sinceridad

que todo mi ser inundaste de felicidad.

Al ver tu cara de felicidad rompí a llorar

al ver los más puros sentimiento aflorar

el aire comienza a faltar, yo a temblar,

la niñez de mi se empezó a apoderar.

Algo que jamás pensé en mi hiciste pasar,

pues sin palabras a mi poeta ibas a dejar,

yo con el don de la palabra no expresar,

todo lo que sentí por ti solo podía a llorar.

Y aun estoy sin poder al mundo explicar

palabras para tal amor no puedo encontrar,

el amor verdadero en tu cara ver reflejar,

en mi corazón lo grabado solo puedo contar.

DANIEL RODRÍGUEZ HERRERA

ÍNDICE

DANIEL RODRÍGUEZ HERRERA

Perdido en el laberinto de la vida	6
Olvidando de la vida el veneno	7
Negociando la vida	8
Un paso más	9
Buscando las palabras	10
Frustración	11 - 12
Y ahora lo llamamos amor	13
Cumpliendo años	14 - 15
El vacio del mundo	16
Alma rota	17
Perdido en la vida	18
La venganza	19 - 20
Buscando el norte	21
Castigo divino	22
Dolido en el amor	23
Un sueño de vida	24
Agonizando por tu amor	25
Discutiendo con la muerte	26
Envenenado	27
Me siento enfermo	28
De amor enloquecido	29
Juntos en el dolor	30
Un nuevo sentir	31
Dolido en el alma	32
De una pequeña amistad	33

Adiós	34
Yo que el mundo amaba	35 - 36
Desnudo	37
Siempre a la espera	38
Enamorándome	39
Esperando el nuevo día	40
Pura inocencia	41
Hoy del mundo descubrí...	42
Descubriendo el amor	43
Muerto en vida	44
Morir por ti deseo	45
Por un sentimiento desconocido	46
Holocausto	47
Del orgullo al llanto	48
Llego la tormenta	49
Firmando una tregua	50
Buscándote, no te encontraba	51
Un solo deseo	52
Un solo destino	53
No es fácil amar	54
Un minuto sin ti	55
Cuando te alejas	56
La verdad de en mi corazón	57
Sin perder la esperanza	58
De la mano de Dios	59

DANIEL RODRÍGUEZ HERRERA

Cegado — *60*
Perdido en el amor — *61*
Esperando el beso mortal — *62*
Conflicto eterno — *63*
Reviviendo cada día el pasado — *64*
El sueño anhelado — *65*
En medio de la tempestad — *66*
Larga la espera — *67*
Solo por ti vivo — *68*
Hoy siento miedo — *69*
Mudo — *70*
Inexperiencia — *71*
Conociendo el amor — *72*
Caminando juntos — *73*
Obra de arte — *74*
Perplejo — *75*
Haciéndolo — *76*
Arco iris — *77*
Loco de amor — *78*
La primera vez que te vi — *79*
Dando cuentas — *80*
Con el miedo dentro — *81*
Tiempo llamado pasajero — *82 - 83*
Cuando tu no estas — *84*
Oscuro pasado — *85*
Embrujado — *86*

DANIEL RODRÍGUEZ HERRERA

Si tu no estas	*87 - 88*
Sucumbiendo ante tus encantos	*89*
Un simple adiós	*90*
Un solo error	*91*
Naufrago	*92*
Presente pasado	*93*
Arenas movedizas	*94*
Amándose	*95*
El mejor regalo que me podias dar	*96 - 97*

www.ingramcontent.com/pod-product-compliance
Lightning Source LLC
Chambersburg PA
CBHW071154090426
42736CB00012B/2327